L'ÉTAT

ET

LES TARIFS

DE

CHEMINS DE FER,

PAR

G. CAVAIGNAC,

Député, Ingénieur des Ponts et Chaussées.

PARIS,

GAUTHIER-VILLARS, IMPRIMEUR-LIBRAIRE

DU BUREAU DES LONGITUDES, DE L'ÉCOLE POLYTECHNIQUE,

DES COMPTES RENDUS DE L'ACADÉMIE DES SCIENCES,

Quai des Augustins, 55.

1882

L'ÉTAT

ET

LES TARIFS DE CHEMINS DE FER.

L'ÉTAT

ET

LES TARIFS

DE

CHEMINS DE FER,

PAR

G. CAVAIGNAC,

Député, Ingénieur des Ponts et Chaussées.

L'ÉTAT

ET

LES TARIFS DE CHEMINS DE FER.

SOMMAIRE :

I. Résumé des discussions antérieures sur le principe des tarifs spéciaux. — II. Pouvoirs étendus que l'application des tarifs spéciaux confère aux Compagnies de chemins de fer. — III. Usage que les Compagnies françaises ont fait des tarifs spéciaux : 1° Ont-elles atteint la limite des abaissements de tarifs qui devaient leur assurer le produit net maximum? Comparaison avec les tarifs de différents pays d'Europe. 2° Nécessité pour l'État de limiter les bénéfices des grandes Compagnies. — IV. Nécessité pour l'État de se réserver un droit d'initiative limité en matière de tarifs. — V. Documents divers relatifs à l'action de l'État sur les tarifs en Angleterre, en Belgique, en Allemagne, en Italie.

Les questions qui se rattachent au régime et à l'exploitation commerciale des chemins de fer comptent en ce moment parmi les plus importantes qui soient soumises à l'examen des pouvoirs publics. Non seulement un intérêt spécial s'attache à leur solution, qui peut exercer une influence considérable sur le mouvement industriel et commercial du pays tout entier et sur l'état des finances publiques, mais encore, comme il arrive de toutes les

1

questions restées sans réponse, elles rappellent l'attention à de courts intervalles et tiennent l'opinion en éveil.

Quel doit être le régime des tarifs ? Vaut-il mieux confier l'exploitation des chemins de fer à l'État ou à l'industrie privée? Faut-il racheter les chemins de fer concédés aux grandes Compagnies? Ce sont là trois questions complexes qui se tiennent et s'enchaînent. Nous pensons que la réponse à faire aux deux dernières dépend en grande partie de la solution que l'on adopte pour la première. Le système de l'exploitation des chemins de fer par l'État a perdu dans ces dernières années beaucoup de terrain. S'il compte encore des partisans, c'est que beaucoup y voient le seul moyen de réaliser les améliorations qu'ils désirent apporter au régime des tarifs. Il est des pays, comme l'Allemagne, où l'on a recherché l'exploitation par l'État pour elle-même, pour ajouter à la force du pouvoir central. Nous ne croyons pas qu'une pareille tendance soit dominante en France. Quant au rachat, il mérite sans doute d'être étudié en lui-même; et il peut être intéressant de rechercher si les inconvénients qu'il présente sont suffisants pour compenser les avantages qu'on en attend. Mais il est certain que le rachat n'est qu'un moyen d'imposer aux grandes Compagnies les concessions que l'on juge indispensable d'obtenir d'elles, principalement en ce qui concerne les tarifs. On voit donc que la question primordiale est celle du régime des tarifs. Peut-être les difficultés actuelles proviennent-elles en partie de ce que cette question principale a été laissée au second plan, et de ce que l'on ne s'est pas assez préoccupé de dégager avec netteté le but à atteindre. Un effort a été fait en ce sens en 1877. Depuis, on a eu le tort de rester en contemplation devant cette *arme du rachat* que l'on avait entre les mains, satisfait de penser que si l'on ne faisait rien, on avait du moins le pouvoir de faire beaucoup. Les Chambres ont repris l'attitude du *sphinx antique*, que M. de Freycinet leur demandait, en 1877, d'abandonner; et le Gouvernement a eu à négocier avec les grandes Compagnies sans savoir quelles concessions les Chambres désiraient et quel était le minimum dont elles se contenteraient.

Il importe donc avant tout de déterminer quel doit être le régime des tarifs, et, sans comparer l'exploitation par l'État à l'exploitation par l'industrie privée, sans examiner s'il est opportun d'appliquer la clause du rachat, nous voudrions nous engager dans une discussion d'un caractère un peu plus théorique, rechercher quelles sont les règles qui doivent être suivies dans la fixation des tarifs. Nous examinerons ensuite si ces règles ont été observées jusqu'à présent, et dans quelle mesure il est utile que l'État intervienne pour les faire respecter. La discussion à laquelle nous voudrions prendre part se poursuit depuis plusieurs années, et il nous a semblé qu'entre les deux opinions absolues qui se sont jusqu'ici trouvées en présence, il pouvait y avoir place pour quelques observations utiles.

I.

Résumé des discussions antérieures sur le principe des tarifs spéciaux.

Nous n'exposerons pas ici dans ses détails le régime des tarifs des chemins de fer français. Nous rappellerons seulement qu'aux cahiers des charges des Compagnies sont annexés des tarifs maxima. Ce sont les tarifs légaux que les Compagnies ne peuvent dépasser. Les marchandises sont divisées en quatre classes, soumises chacune à un tarif kilométrique uniforme. Les Compagnies n'ont pas tardé à reconnaître que ces tarifs trop élevés nuisaient au développement du trafic; elles y ont substitué des tarifs généraux qui ont pris la place des tarifs légaux. Les marchandises énumérées plus minutieusement sont encore réparties en quatre classes soumises à une tarification uniforme; mais la répartition du trafic entre ces quatre classes varie suivant les Compagnies. Enfin, les quatre cinquièmes environ des transports sont régis par les tarifs spéciaux. Ces tarifs constituent des abaissements consentis par les Compagnies sur les tarifs généraux, dans certaines conditions, pour telle ou telle marchandise, entre telles villes déterminées.

C'est l'application des tarifs spéciaux qui a donné lieu aux critiques qui ont assailli dans ces dernières années les Compagnies de chemins de fer. En étudiant le régime général des tarifs, il n'a pas été difficile d'y trouver des anomalies faites pour susciter l'étonnement. Ces faits particuliers, relevés dans les enquêtes parlementaires, ont produit une très vive impression, et cette impression a été le point de départ de la campagne entreprise pour la réforme des tarifs.

On a reconnu que, sur telle ligne d'un réseau, une marchandise payait 8ᶠʳ pour parcourir 100ᵏᵐ, alors que sur une autre ligne du même réseau elle ne payait que 7ᶠʳ pour parcourir 150ᵏᵐ. On a découvert que telle mar-chandise payait plus cher pour aller du Mans à Rennes que de Rennes au Mans; — que pour se rendre de Mar-seille à Roubaix les laines provenant d'Algérie payaient un prix moins élevé que les laines provenant de Mar-seille; — que le tarif kilométrique des charbons anglais entre Dunkerque et Paris était inférieur au tarif kilomé-trique des charbons français entre Lens et Paris ([1]).

On s'est récrié contre les abus dont se rendaient coupables les Compagnies, profitant de leur situation privilégiée pour jeter la perturbation dans l'industrie française, pour favoriser, par des réductions de tarifs arbitraires et par la création de débouchés nouveaux, la concurrence à des industries anciennement prospères, pour accorder souvent aux producteurs étrangers des avantages qu'elles refusaient à l'industrie nationale.

Une discussion assez vive s'est alors engagée : D'une part, on pensait que l'entrepreneur de transports devait respecter scrupuleusement les relations existant entre

---

([1]) Les exemples que nous citons ici sont empruntés, soit aux enquêtes parlementaires, soit à des publications plus ou moins récentes. Depuis cette époque, les faits ont pu se modifier; mais dans la discussion théo-rique qui suit, l'exactitude actuelle des exemples cités importe peu.

les diverses industries, ne pas déplacer les courants commerciaux, admettre une tarification proportionnelle à la distance, ou du moins, si un pareil idéal n'était pas réalisable, s'en rapprocher autant que possible.

On citait l'exemple de l'Alsace-Lorraine, où une tarification uniforme a été introduite, et l'on faisait ressortir combien il est inadmissible, contraire aux idées d'égalité, de voir la même marchandise transportée à la même distance pour des prix essentiellement variables. Voici, disait-on, deux producteurs qui se disputent le même marché. La Compagnie transporte la marchandise la plus éloignée du lieu de consommation pour un prix inférieur à celui qu'elle impose aux producteurs concurrents et ruine ainsi leur industrie. Ou bien, ajoutait-on, la Compagnie réalise sur le tarif le plus réduit un bénéfice, et alors pourquoi ne se contente-t-elle pas partout de ce bénéfice ; ou bien dans le but de ruiner une entreprise de transports concurrente, elle consent provisoirement à subir une perte, et alors pourquoi veut-elle faire payer à l'industrie nationale les frais de la guerre qu'elle livre à ses concurrents ?

Pourquoi, en un mot, les Compagnies de chemins de fer n'opèrent-elles pas comme les industries qui fixent leur prix de revient, et après avoir calculé le coût de leurs produits en déterminant le prix de vente d'une façon uniforme, en se réservant un bénéfice raisonnable ?

C'était en somme le principe même des tarifs spéciaux qui était attaqué ; ces attaques qui tendaient à obtenir par la suppression des tarifs spéciaux une tarification proportionnelle à la distance ne sont pas restées sans réponse (¹). On a fait ressortir ce qu'il y avait d'anticommercial dans la prétention de ramener au même niveau tous les tarifs de chemins de fer. On a cherché à expliquer les anomalies, les inégalités qui avaient été signalées. On a combattu les théories qui attribuaient pour base nécessaire à la tarification, soit la distance kilométrique, soit le prix de revient des transports.

Aucune conception, a-t-on dit, ne saurait être plus erronée que celle qui représenterait le transport kilométrique d'une tonne de marchandises comme un produit dont il est facile de fixer le prix de revient et dont le prix de vente doit être établi en conséquence. Sans parler de l'impossibilité d'établir le prix de revient du transport kilométrique d'une tonne de marchandise, ne sait-on pas que le prix d'un produit dépend uniquement de sa valeur ; que sa valeur est fixée d'après le jeu de l'offre et de la demande, et que le prix de revient n'en est qu'un élément secondaire ?

Si l'on réfléchit que le tarif, c'est-à-dire le prix du transport doit être fixé d'après sa valeur, on s'expliquera bien aisément ces prétendues anomalies, ces prétendues inégalités qui sont le résultat de l'application des lois économiques qui existent dans toutes les industries libres et qui, lorsqu'elles s'y produisent, n'étonnent personne.

Si le tarif kilométrique est moindre pour une marchandise déterminée sur tel point du réseau que sur tel autre, c'est qu'il s'est trouvé un centre de consommation et un centre de production à mettre en rapport, un débouché nouveau à créer, et qu'il a été nécessaire de con-

---

(¹) *Voir* notamment les Études de M. de la Gournerie et de M. Brière.

sentir, dans ce but, une réduction de tarif. Si entre deux centres le transport kilométrique a telle valeur, pourquoi veut-on qu'il ait la même valeur entre deux autres villes situées à l'autre extrémité de la France? Ici le producteur peut supporter un tarif plus élevé et amener néanmoins son produit sur le lieu de consommation; ailleurs, l'écart qui existe entre le prix de vente sur le marché et le prix de revient du produit à l'usine permet seulement l'établissement d'un tarif kilométrique inférieur; pourquoi donc vouloir appliquer la même règle à deux cas absolument dissemblables? La Compagnie du Nord applique aux charbons anglais, entre Dunkerque et Paris, un tarif kilométrique inférieur à celui qu'elle fait payer aux charbons français de Lens à Paris; c'est que de Dunkerque à Paris la navigation transporte les charbons pour un prix peu élevé, c'est que le mode de transport le plus économique devient le régulateur du marché; c'est que, grâce à l'existence des voies fluviales et maritimes, la valeur du transport kilométrique d'une tonne de charbon est moindre entre Dunkerque et Paris qu'entre Lens et Paris.

A quelles conséquences, d'ailleurs, conduirait ce principe de l'uniformité des taxes? A des conséquences inadmissibles, et l'on peut même dire qu'un pareil principe est pratiquement inapplicable. N'admet-on pas une dérogation au principe lorsqu'on reconnaît qu'il est nécessaire de répartir les marchandises en classes, lorsqu'on admet que les marchandises pondéreuses ne peuvent supporter des taxes aussi élevées que les marchandises plus précieuses et qu'elles doivent être placées dans une classe où la base kilométrique du tarif est inférieure.

Mais supposons que l'on veuille appliquer le principe de l'uniformité des taxes dans la mesure où il est applicable, où aboutira-t-on ? C'est par l'application des tarifs spéciaux que les Compagnies ont pu en France abaisser au-dessous de $0^{fr},06$ le prix moyen du transport kilométrique de la tonne de marchandises; c'est parce qu'elles pouvaient sur un point déterminé, dans des circonstances déterminées, consentir des abaissements de taxes, sans engager le régime général de leurs tarifs, qu'elles sont arrivées à faire bénéficier le public de réductions considérables. Mais que l'on veuille uniformiser les tarifs, ou bien il faudra les abaisser tous au niveau des tarifs inférieurs, et alors, d'une part, on fera l'abandon au commerce de sommes qu'il peut payer sans souffrir, et, d'autre part, l'insuffisance des produits s'accentuant, l'État, car c'est lui dont l'intérêt est en jeu, devra couvrir, au moyen de l'impôt, le déficit qui aura été créé; ou bien on prendra une moyenne; mais alors, en relevant les taxes inférieures, on supprimera tout le trafic qui ne pouvait vivre qu'à condition d'en bénéficier, et en abaissant les taxes supérieures, on fera au trafic, qui pouvait les supporter, un don purement gracieux. De plus, si la moindre réduction de taxe devient applicable en même temps à tout le trafic, elle aura sur les recettes un effet tel qu'on n'osera jamais la tenter.

Une semblable conception doit donc être abandonnée. L'uniformité absolue des tarifs est un rêve irréalisable. Si elle est applicable dans une certaine mesure, elle ne peut donner que des résultats également déplorables pour le commerce et pour l'entrepreneur de transports. L'application de ce régime faite à l'Alsace-Lorraine n'a pas été heureuse ; et dans les pays même où l'on avait le plus de tendance à l'uniformité des taxes, on a dû admettre les tarifs spéciaux, ainsi qu'en témoigne l'exemple du réseau belge et du réseau d'État français. Le tarif spécial s'impose ; il s'impose au nom des principes économiques ; il s'impose dans l'intérêt du commerçant et dans l'intérêt de l'industrie des transports.

On peut même dire, ajoutent les défenseurs de la thèse que nous exposons en ce moment, on peut même dire qu'à cet égard notre législation française n'est pas assez libérale ; elle interdit en effet aux Compagnies, par la clause des stations non dénommées, de fixer un tarif spécial entre deux villes sans le rendre en même temps applicable à toutes les stations intermédiaires. Cette clause a souvent empêché les Compagnies de consentir des réductions de taxes et d'attirer ainsi en France des marchandises qui ont préféré transiter à l'étranger. Les Compagnies qui auraient volontiers consenti une réduction entre deux stations déterminées, ne voulaient pas s'exposer à la perte qui serait résultée pour elles de l'application du même tarif aux stations intermédiaires.

On cite encore l'exemple de l'Amérique, où la liberté de tarification est absolue. On n'y a pas, comme en France, interdit aux Compagnies de relever avant un délai déterminé les taxes qu'elles ont abaissées ; elles peuvent par les fluctuations de leurs tarifs suivre instantanément les fluctuations du trafic. Si à un moment donné les marchandises encombrent les gares, les tarifs

sont relevés et les marchandises les moins pressées
attendent une occasion plus favorable. Les demandes se
ralentissent-elles, le tarif est abaissé ; les marchandises
qui n'ont pu supporter l'élévation précédente affluent, et
l'on ne risque pas d'assister à ces encombrements qui, à
diverses reprises, ont soulevé, notamment en Belgique,
de si vives critiques.

Voilà à quoi conduisent les véritables principes ; mais,
si l'on ne veut pas aller aussi loin, si l'on ne veut pas
reconnaître aux Compagnies une liberté de tarification
absolue, que l'on ne conteste pas au moins l'application
des tarifs spéciaux, et que l'on ne se récrie pas contre les
inégalités qui en sont la conséquence.

Nous avons tenu à résumer brièvement la discussion
qui précède. La nécessité de régler le tarif d'après la
valeur du transport kilométrique, valeur souvent va-
riable, l'impossibilité d'appliquer partout des taxes
uniformes, les conséquences fâcheuses auxquelles conduirait l'uniformité des tarifs, nous paraissent justifier
absolument en principe les tarifs spéciaux ; c'est la conclusion qui nous semble ressortir du débat que nous
venons de rappeler, et c'est un point qu'il nous a semblé
utile de mettre en lumière avant d'aborder l'examen
d'une question toute différente, et de rechercher quel est
l'usage qui a été fait en France des tarifs spéciaux.

II.

Pouvoirs étendus que l'application des tarifs spéciaux confère aux Compagnies de chemins de fer.

Lorsqu'on cherche, en admettant le principe des tarifs spéciaux, à se rendre compte de l'étendue des pouvoirs que l'usage de ces tarifs peut donner aux Compagnies, on doit reconnaître que ces pouvoirs sont considérables.

Recherchons quelle en est la limite, en laissant pour un instant de côté le contrôle de l'État. Les Compagnies sont seules juges (et ici l'État n'a pas le pouvoir d'intervenir) des cas où il est avantageux pour elles aussi bien que pour le public de concéder des abaissements de taxes. En consentant des abaissements au profit d'un producteur auquel les obstacles naturels ou la distance ont, jusque-là, fermé tel débouché, elles peuvent porter atteinte aux intérêts des producteurs concurrents. Elles peuvent modifier entièrement le régime douanier du pays en accordant au trafic étranger des réductions de taxes qui compensent les droits de douane. Il est difficile de se faire une idée des conséquences que peut produire une réduction de tarif, tant est grande la complexité et l'enchevêtrement des intérêts. Il en a été donné un exemple frappant à la Chambre des députés prussienne lors de la discussion des lois de 1880 sur le rachat de diverses lignes de chemins de fer. Les tarifs du charbon avaient été abaissés entre la haute Silésie et les ports

de Dantzig et de Kœnigsberg. On avait voulu fermer
aux charbons anglais apportés par les navires prussiens
ou anglais le marché de ces deux ports. Mais qu'arriva-
t-il? Les navires qui apportaient les charbons anglais
remportaient comme fret de retour les céréales prus-
siennes. En supprimant le fret charbon, on a élevé le
prix de transport des céréales; on a fermé le marché
anglais à l'agriculture prussienne. Cet exemple nous
paraît de nature à bien faire saisir la délicatesse de
l'instrument qui a été livré aux grandes Compagnies, la
complexité des intérêts qui se trouvent en présence, les
conséquences lointaines que peut avoir la moindre modi-
fication de tarifs.

Or, dans l'usage qu'elles vont avoir à faire de cet
instrument, par quels motifs vont être évidemment guidées les Compagnies de chemins de fer? Par leur intérêt
de groupes individuels. Leur constitution même le veut,
et c'est le devoir des hommes placés à la tête de ces
grandes administrations de ne jamais perdre de vue les
intérêts dont la direction leur est confiée. Il n'y aurait
rien là d'anormal si l'industrie des transports était une
industrie libre. Il arrive tous les jours que, par suite du
libre jeu de l'activité industrielle, il se constitue de grands
établissements industriels, de grands établissements de
crédit qui acquièrent par leur développement, par leur
succès, une influence, un pouvoir considérables. Le jeu
des intérêts individuels n'a rien d'inquiétant lorsqu'il
se produit librement, parce que, en pareil cas, les abus
se corrigent d'eux-mêmes.

Mais peut-on oublier qu'une Compagnie de chemin

de fer n'est pas vis-à-vis de sa clientèle dans la situation d'une industrie libre? Il est juste, dit-on, de laisser le prix de la marchandise transportée s'établir par le libre jeu de l'offre et de la demande; mais comment en ces matières s'applique la loi de l'offre et de la demande?

L'industrie des chemins de fer aboutit forcément au monopole. Dans tous les pays où l'on a pris pour point de départ des conceptions différentes, où l'on a voulu appliquer le régime de la concurrence, on n'a pas tardé à reconnaître que ce régime était des plus défectueux, que le réseau d'un grand pays demandait à être établi suivant certaines vues d'ensemble qui ont fait défaut notamment en Angleterre et en Allemagne, et qu'enfin non seulement ce système présentait des inconvénients, mais qu'il était encore inapplicable, que la concurrence était toujours limitée, et que les Compagnies concurrentes ne tardaient jamais à s'entendre et à constituer un monopole de fait, monopole inévitable. Lorsque l'industrie s'adresse à ce monopole, quelle est, vis-à-vis de lui, sa situation? Dans une industrie libre, lorsque le vendeur et l'acheteur se trouvent en présence, l'un sait ce qu'il est disposé à donner au maximum de l'objet qu'il désire; l'autre sait également ce que l'objet lui a coûté à produire, ce qu'il doit au minimum en obtenir. Le prix se fixe à la suite du débat qui s'engage, et il dépend d'un grand nombre de circonstances que l'on a résumées en disant qu'il est soumis aux lois de l'offre et de la demande. Ainsi s'établit le prix de l'objet sur le marché; le vendeur sait que non seulement s'il demande à l'acheteur un prix supérieur à ce que celui-ci est disposé à donner, il ne vendra pas sa marchandise ; mais il sait encore que s'il se rapproche de ce prix maximum, s'il veut se réserver un bénéfice trop considérable, il éveillera probablement chez l'acheteur l'idée de s'adresser à un producteur concurrent.

En matière de tarifs de chemins de fer, rien de semblable. Il s'agit d'établir un trafic entre un centre de production et un centre de consommation. Le produit se vend ou peut se vendre 20^{fr} sur le lieu de consommation. Il coûte 15^{fr} au producteur dans son usine. Si donc la Compagnie abaisse son tarif au-dessous de 5^{fr}, elle va permettre au producteur d'écouler ses produits, en lui créant un nouveau débouché. Si elle fixait le tarif à 5^{fr} seulement, il est certain que le producteur n'ayant aucun bénéfice à attendre ne livrerait pas ses produits. La Compagnie devra donc concéder au producteur un certain profit ; mais l'on voit tout d'abord qu'elle sera dégagée de ces préoccupations qui assiégeraient un industriel menacé par la concurrence, et qui le porteraient à restreindre son bénéfice, dans la crainte qu'un concurrent en se contentant d'un bénéfice moindre ne le privât du débouché qu'il voudrait s'assurer. Les Compagnies seront cependant incitées par leur propre intérêt à réduire le tarif plus qu'il ne serait strictement nécessaire pour créer le débouché nouveau. En effet, si le profit réservé au producteur est trop faible, le trafic nouveau ne donnant lieu qu'à un petit nombre d'échanges restera languissant. Si, au contraire, le bénéfice est plus large, le débouché nouveau se développera ; d'autres producteurs surgiront ; peut-être par suite de la concurrence le prix de l'objet sur le lieu de consommation viendra-t-il à diminuer, et forcément alors le trafic s'étendra pour le plus grand avantage de la Compagnie de chemin de fer.

Si sur ce point très important l'industrie privilégiée des chemins de fer se distingue de l'industrie libre, elle possède un autre caractère spécial, sur lequel il est également important d'insister. Nous voulons parler de la fixation du prix de revient.

On sait qu'en général rien n'est plus difficile que de déterminer un prix de revient. Le producteur seul peut, et souvent avec difficulté, déterminer le prix de revient de ses produits. En matière de transports, la difficulté est plus considérable que partout ailleurs; car ce que nous appellerons, en modifiant un peu le sens du mot, les frais généraux, y sont plus importants. Le prix de revient du transport d'une tonne de marchandises se compose de deux éléments très différents. Le trafic doit rémunérer en effet, d'une part, le capital de premier établissement, d'autre part, couvrir les dépenses d'exploitation qu'il occasionne. Supposons que l'on puisse établir exactement ce qu'une tonne de marchandises coûte à transporter entre deux points déterminés, il faudrait que le tarif permît de réaliser sur ce prix de transport un certain bénéfice, et il faudrait encore que le total des bénéfices ainsi réalisés sur l'ensemble du trafic permît de rémunérer le capital engagé. Pour un transport donné, on peut donc presque dire qu'il n'existe pas de prix de revient déterminé. Au delà du prix de transport proprement dit, tout est bénéfice pour la Compagnie, mais il faut encore que l'ensemble de ces bénéfices atteigne un chiffre déterminé, soit qu'un tarif donnant un faible excédent sur le prix de transport permette de développer assez le tonnage pour assurer un bénéfice total considérable, soit qu'au contraire une taxe élevée donne pour un faible tonnage un excédent important sur les frais d'exploitation.

Après avoir donné ces quelques explications sur le mécanisme des tarifs, nous voudrions rechercher dans quelle mesure les grandes Compagnies ont pu, en faisant usage des pouvoirs qui leur étaient concédés, négliger de donner satisfaction à l'intérêt général. Nous avons dit plus haut qu'on leur avait mis entre les mains un instrument délicat qui leur permet de changer la situation économique des diverses industries, de favoriser les unes aux dépens des autres, de modifier la situation douanière, la situation de l'industrie nationale vis-à-vis de l'étranger. Nous avons rappelé que dans l'usage qu'elles font de cet instrument, elles ne peuvent être guidées que par leur intérêt de groupes individuels et ne sont point arrêtées par le frein de la concurrence.

Il est certain qu'une pareille situation aurait été intolérable s'il n'existait des correctifs très puissants. Nous ne parlons pas en ce moment du contrôle de l'Etat. Mais en dehors de ce contrôle qui, pendant longtemps, a été exercé d'une façon insuffisante, les dangers que nous venons de signaler ont été évités en grande partie ; non pas seulement que les Compagnies eussent intérêt à ne pas exagérer les vices du système pour ne pas soulever de trop vives oppositions ; mais encore parce que, comme nous pensons l'avoir montré plus haut, il est arrivé dans la plupart des cas que l'intérêt de la Compagnie d'une part, l'intérêt du producteur ou du public de l'autre étaient identiques.

Dans quelles circonstances les grandes Compagnies, soit qu'elles aient mal compris leurs propres intérêts, soit que ces intérêts aient été en contradiction avec ceux du public, ont-elles pu se trouver amenées à léser l'intérêt général? C'est ce que nous allons rechercher.

III.

Usage que les Compagnies françaises ont fait des tarifs spéciaux : 1° Ont-elles atteint la limite des abaissements de tarifs qui devaient leur assurer le produit net maximum? Comparaison avec les tarifs de différents pays d'Europe. 2° Nécessité pour l'État de limiter les bénéfices des grandes Compagnies.

Un trafic nouveau, nous l'avons dit, ne peut se développer que si le tarif qui le régit est inférieur à un chiffre déterminé. Au-dessous de ce chiffre, plus on réduira la taxe, plus le tonnage augmentera, jusqu'à ce que le produit brut du transport atteigne un maximum. A partir de ce moment, si l'on continue à réduire le tarif, le trafic ne croîtra plus que d'une façon insignifiante, et le produit brut diminuera en même temps que la taxe. D'autre part, les dépenses du transport qui sont très faibles lorsque le tarif est assez élevé pour gêner le développement du trafic s'accroissent à mesure que ce trafic augmente. Elles atteindraient le chiffre le plus élevé au moment où le tonnage serait le plus considérable, c'est-à-dire lorsque la taxe serait le plus faible. Les Compagnies peuvent établir avec une certaine approximation la part de dépenses d'exploitation afférentes au transport d'une marchandise déterminée suivant le tonnage de cette marchandise. Si elles pouvaient de même connaître les variations que subit le trafic lorsque la taxe est abaissée ou relevée, elles arriveraient à déterminer avec une certaine exactitude le tarif qui, pour une marchandise donnée, leur assurerait le produit net maximum, en appelant produit net l'excédent des recettes sur les dépenses de transport. En réalité, les choses ne se passent pas ainsi ; pour connaître exactement l'effet produit sur le trafic par les abaissements de taxes, il faudrait avoir fait l'expérience des tarifs réduits, et cette expérience n'est jamais faite. La Compagnie fixe le tarif au chiffre qu'elle suppose devoir lui donner le produit maximum. Mais, pour savoir si cette supposition est exacte, il faudrait avoir dépassé le maximum, avoir constaté une diminution de produit et s'être trouvé ainsi amené à relever les taxes. Tant que l'expérience n'a pas été faite, il est impossible de savoir si la Compagnie a réellement abaissé le tarif jusqu'au chiffre qui doit lui donner le produit net maximum, et en même temps assurer le développement plus complet du trafic et donner une satisfaction plus étendue à l'intérêt général. Il n'est pas plus permis d'affirmer que la limite a été atteinte que d'assurer qu'elle ne l'a point été ; ou du moins de pareilles affirmations ne peuvent reposer que sur des présomptions plus ou moins vraisemblables.

Si l'on examine les diagrammes qui indiquent les variations du prix moyen de transport d'une tonne kilométrique ou d'un voyageur kilométrique en France, on reconnaîtra que ces prix moyens ont suivi une marche uniformément décroissante. A mesure que les Compagnies étendaient l'application des tarifs spéciaux, à mesure qu'elles trouvaient l'occasion de créer des débouchés nouveaux par des abaissements de taxes, le prix moyen du transport d'une tonne kilométrique diminuait. Si à un moment donné la limite des abaissements utiles avait été dépassée, les Compagnies en auraient été averties par une diminution de recettes, et elles auraient été amenées à relever leurs tarifs. C'est ce qui est arrivé notamment en Belgique, où, après avoir abaissé d'une façon excessive les tarifs de voyageurs, l'État a dû les augmenter. Sans doute, s'il était certain que les Compagnies françaises eussent atteint exactement la limite des abaissements fructueux, il serait impossible de leur reprocher de ne pas l'avoir dépassée, d'autant plus qu'elles sont astreintes, en France, à des précautions particulières, le cahier des charges ne leur permettant pas de relever sans des formalités minutieuses les taxes une fois abaissées. Il est certain toutefois que ces relèvements n'ont jamais été nécessaires en France; il n'y a pas pour ainsi dire d'exemple de taxes relevées; on peut donc assurer que la limite dont nous parlons plus haut n'a jamais été dépassée; nous croyons pouvoir ajouter qu'il est douteux qu'elle ait été atteinte.

Nous donnons ci-contre un tableau qui permet de comparer pour les différents pays d'Europe (sauf l'Angleterre où ces renseignements ne sont pas recueillis et ne pourraient l'être que difficilement, grâce au système adopté dans ce pays) le prix moyen de transport d'une tonne kilométrique et d'un voyageur kilométrique.

DÉSIGNATION des lignes de Chemins de fer.	RECETTE moyenne par		DÉSIGNATION des lignes de Chemins de fer.	RECETTE moyenne par	
	VOYAGEUR kilométrique.	TONNE kilométrique.		VOYAGEUR kilométrique.	TONNE kilométrique.
ALLEMAGNE.			**PAYS-BAS.**		
Cologne-Menden, 1879....	0.0518	0.0455 [1]	État (Soc. d'expl.), 1879.	0.0560	0.0654 [2]
Alsace-Lorraine, 1879...	0.0431	0.0487 [1]	État — 1880.		0.044
B. Silésie et Marche, 1879.	0.0392	0.0462 [1]	**SUÈDE.**		
Berg. Marche, 1879.......	0.0429	0.0517 [1]	État, 1879...............	0.0550	0.0673 [1]
État badois, 1879.........	0.0463	0.0737 [2]	**SUISSE.**		
État bavarois, 1879......	0.0454	0.0632 [2]	Nord-Est, 1879...........	0.0448	0.1039 [5]
État hanovrien, 1879.....	0.0458	0.0563 [1]	Occidental, 1879.........	0.0604	0.0944 [5]
État prussien (Est), 1879.	0.0426	0.0546 [1]	**FRANCE.**		
État saxon, 1879.........	0.0429	0.0645 [2]	Est, 1879.................	0.0583	0.0566 [3]
Mag.-Halberstadt, 1879..	0.0488	0.0629 [1]	Midi, 1879................	0.0603	0.0742 [3]
AUTRICHE.			Nord, 1879................	0.0569	0.0561 [3]
			Ouest, 1879...............	0.0492	0.0578 [3]
Empereur-Ferdinand du Nord, 1879.............	0.0578	0.0714 [1]	Paris-Lyon-Médit., 1879..	0.0554	0.0559 [3]
État (Soc. d'expl.), 1879..	0.0626	0.0776 [1]	Paris-Orléans, 1879......	0.0514	0.0618 [3]
Imp.-Elisabeth, 1879	0.0670	0.0718 [1]	État, 1879...............	0.057	0.079 [3]
BELGIQUE.			**ITALIE.**		
État, 1879................	0.0372	0.0486 [1]	Alta-Italia, 1879..........	0.0577	0.0711 [3]
État, 1880................	0.0385		Ch. de fer Romains, 1879.	0.0558	0.0620 [3]
Grand-Central, 1879.....	0.0424	0.0536 [1]	Ch. de fer mérid., 1879....	0.049	0.061 [3]
FRANCE : Ensemble, 1879.	0.052	0.050 [8]	SUÈDE : Cies, 1877........	0.057	0.079 [4]
ITALIE : Ensemble, 1876..	0.050	0.0680 [8]	» État, 1877........	0.058	0.065 [4]
AUTRICHE : Ens., 1876....	0.0552	0.0790 [3]	NORWÈGE : État, 1877....	0.048	0.087 [4]
BELGIQUE : État, 1879....	0.0372	0.0486 [3]	DANEMARK : Cies, 1877....	0.045	0.1025 [4]
ALLEMAGNE : Ens., 1876..	0.0454	0.0606 [8]	» État, 1877...	0.042	0.0900 [4]

(1) Grosses marchandises en général.
(2) Petites et grosses marchandises.
(3) Marchandises à petite vitesse.
(4) Marchandises et bestiaux.
(5) Marchandises à grande et petite vitesse.

On peut conclure de la comparaison de ces chiffres que les tarifs des voyageurs en France sont relativement élevés. Il faut ajouter qu'ils comprennent un impôt de 23,2 pour 100. En ce qui concerne les tarifs des marchandises, il est juste de reconnaître que la France est un des pays où ils sont le plus réduits. Peut-on reprocher aux tarifs français et en même temps aux tarifs de la presque totalité des pays d'Europe qui sont supérieurs leur élévation excessive ? Nous croyons que l'exemple de la Belgique mérite d'être médité. Nous savons ce qu'il y a de délicat à comparer deux pays où les chemins de fer se sont établis dans des conditions différentes. On peut dire qu'en Belgique la dépense de premier établissement des chemins de fer a été faible, que la population y est condensée et l'industrie très concentrée. On peut dire en sens inverse que les lignes rachetées par l'État lui ont coûté fort cher; que les distances sont moins considérables qu'en France. En résumé, la Belgique nous offre l'exemple d'un pays qui rémunère complètement le capital employé au premier établissement de ses chemins de fer, y compris l'amortissement, et où cependant les taxes même après les récents relèvements sont moins élevées que partout ailleurs (¹).

(¹) Depuis que nous écrivions la phrase qui précède, la situation s'est modifiée. Tandis qu'en 1880 les recettes des chemins de fer d'État belges avaient suffi à couvrir les dépenses, y compris celles afférentes à l'amortissement, M. Graux a déclaré que, pour 1881, ce qu'il appelait le déficit du chemin de fer s'élevait à 4 860 000. — Si ce résultat infirme, dans une certaine mesure, la présomption que nous tirions de l'exemple de la Belgique, il ne serait pas juste d'en tirer cette conclusion, que le déficit provient nécessairement de l'abaissement excessif des tarifs de marchandises; car il peut provenir, soit de l'abaissement manifestement excessif des tarifs de voyageurs, soit d'un usage insuffisant des tarifs spéciaux.

Le régime des chemins de fer a donné lieu dans ces dernières années en Italie à une enquête très complète et très intéressante. Cette enquête a abouti à un rapport auquel sont annexés des diagrammes qui indiquent, pour les principales Compagnies de chemins de fer européennes, les variations des tarifs moyens et des produits bruts. Dans l'étude de ces diagrammes, il faut évidemment se garder des conclusions hâtives. Il faut se souvenir que le produit brut total dépend non seulement des variations des tarifs, mais encore de la situation économique du pays et des crises industrielles qu'il peut traverser. Il ne faut pas oublier non plus que les abaissements de taxes ne produisent leur effet qu'au bout d'un certain temps. Voici cependant ce qui d'une façon générale semble ressortir des tableaux dont nous parlons. En Belgique, les tarifs moyens des marchandises ont subi une décroissance continue qui paraît avoir coïncidé avec une décroissance très faible mais continue du produit brut total. Partout ailleurs la décroissance continue, au moins jusque dans ces dernières années, du tarif moyen semble avoir donné lieu à des accroissements de recettes.

Ne résulte-t-il pas des observations qui précèdent que nulle part la limite des abaissements utiles pour les tarifs de marchandises n'a été dépassée, qu'elle n'a été atteinte d'une façon certaine qu'en Belgique, qu'il est très douteux qu'elle l'ait été dans les autres pays d'Europe et même en France, et qu'il y aurait un intérêt capital à tenter cette expérience. On peut affirmer en outre que les tarifs des voyageurs en France ont été maintenus à un taux excessif.

Nous venons de voir qu'il est en général impossible pour une Compagnie de constater d'une façon certaine que la limite des abaissements fructueux a été atteinte, et que diverses raisons avaient pu empêcher les Compagnies françaises de pousser dans cette voie les essais aussi loin qu'elles auraient eu intérêt à le faire. Nous avons indiqué également que les Compagnies devaient chercher non pas à réaliser sur tel trafic en particulier un bénéfice déterminé, mais à recueillir sur l'ensemble de leur trafic des bénéfices suffisants pour rémunérer le capital engagé. Il suit de là qu'il existe dans l'appréciation des taxes un arbitraire considérable.

Revenant un instant sur les inégalités qui ont été si vivement reprochées aux Compagnies, on peut se demander si elles n'auraient pas dû, dans la fixation plus ou moins arbitraire des taxes, se montrer plus disposées aux réductions, et, par ces réductions, atténuer dans une large mesure les inégalités dont nous venons de parler.

Supposons deux industriels situés à égale distance de Paris ; l'un y accède par une voie de fer et par une voie fluviale ; l'autre n'y peut parvenir que par la voie ferrée. Les taxes étant faibles sur la voie fluviale, la Compagnie des chemins de fer sent que le trafic lui échappera si elle ne réduit pas ses tarifs sur la première voie ferrée, elle les réduit ; mais elle les maintient sur la seconde, et l'industrie qui en fait usage est ruinée. On dit avec beaucoup de raison que cette ruine ne saurait être imputée à la Compagnie des chemins de fer, que c'est l'existence même de la voie fluviale parallèle à l'une des deux voies ferrées qui attribue une valeur différente au transport sur les deux lignes de chemins de fer. Il importe peu à l'industriel que la Compagnie abaisse ses tarifs, puisque son concurrent pourra toujours se servir de la voie fluviale; l'abaissement n'a d'intérêt que pour la Compagnie qui dispute le trafic à la navigation.

Mais, lorsque de pareilles inégalités existent, la Compagnie ne pourrait-elle pas bien souvent les faire disparaître ou les atténuer en consentant également au profit de l'industrie lésée des abaissements de taxes. Sans doute, s'il était certain qu'elle eût atteint le tarif qui lui assure sur cette voie le produit net maximum, on ne pourrait lui demander de faire plus; mais dans la réalité les choses ne se présentent pas avec ce caractère de certitude absolue, et l'on peut se demander si dans les circonstances que nous venons d'indiquer les Compagnies ont toujours été aussi larges qu'elles auraient pu l'être.

Nous avons raisonné jusqu'à présent dans l'hypothèse où la Compagnie ne réussit pas à rémunérer complètement le capital engagé. Nous avons supposé qu'elle devait avoir pour but unique d'arriver au produit maximum.

Restant dans l'ordre d'idées que nous venons d'indiquer, nous avons recherché si les Compagnies avaient été, en fait d'abaissements de taxes, aussi loin qu'elles l'auraient pu; s'il ne leur aurait pas été possible, par des réductions plus larges, d'atténuer les inégalités qui ont suscité de vives réclamations. On peut leur adresser un autre reproche. Les Compagnies n'ont pas été, dans la fixation de leurs tarifs, guidées par des vues d'ensemble; elles ont pris des décisions d'espèces entre lesquelles elles ne se sont pas suffisamment préoccupées d'établir l'ordre, et il est arrivé un moment où la complication des taxes a été telle que les Compagnies ne pouvaient plus elles-mêmes mesurer les conséquences des tarifs nouveaux qu'elles proposaient. Elles ont d'ailleurs, dans leurs pourparlers avec l'Etat, consenti à des simplifications considérables, et nous croyons que ces simplifications ne constituaient pas une concession faite à l'État, que les Compagnies les avaient pour leur propre compte reconnues nécessaires.

Mais laissons de côté les Compagnies qui ne réussissent pas à rémunérer le capital engagé, ou du moins le capital tel qu'il a été déterminé par les conventions de 1859, avec les bénéfices qui ont été consolidés à cette époque. Examinons la situation des Compagnies qui ne font pas appel à la garantie d'intérêt. C'est dès à présent, ou ce sera à bref délai, le cas de toutes les grandes Compagnies françaises. La question est alors tout autre, et nous croyons que sur ce point l'État peut réclamer les abaissements de taxes, en s'appuyant sur des arguments bien autrement précis et certains que ceux que nous avons mentionnés plus haut.

Il ne s'agit plus ici de savoir si les Compagnies exploitent plus ou moins bien, règlent leurs tarifs avec plus ou moins d'intelligence et de hardiesse. La question a une portée bien autre : il s'agit de savoir si l'on doit laisser de grandes Sociétés privilégiées prélever des bénéfices sans cesse croissants sur l'industrie du pays. Pour notre part nous ne le pensons pas.

La conception du rôle économique des chemins de fer a beaucoup varié suivant les pays. En Angleterre, en Amérique on considère les entreprises de chemins de fer comme des entreprises industrielles libres et indépendantes les unes des autres. Les unes prospèrent et donnent à leurs actionnaires des dividendes considérables; les autres échouent, font faillite, sont reprises par des Compagnies qui n'ont plus à servir d'intérêts au capital de premier établissement. Dans les pays, au contraire, qui ont une tendance à l'ingérence de l'État, on considère l'ensemble des chemins de fer du pays comme solidaire. On admet que les tarifs doivent arriver à rémunérer le capital engagé et non pas seulement à couvrir les frais d'exploitation, et l'on a très rarement soutenu que l'État, le contribuable, devait faire l'abandon des fonds destinés à l'établissement des chemins de fer, comme cela a eu lieu pour les voies de terre et pour les voies navigables. On a reconnu généralement qu'il était juste que les frais de construction des chemins de fer fussent payés non pas par tous les contribuables proportionnellement à leurs ressources, mais par chacun, proportionnellement à l'usage qu'il faisait de la voie ferrée.

Des discussions fort intéressantes se sont élevées en Belgique, non pas sur cette question, mais sur une question un peu différente. Il était admis par les deux partis en présence, d'une part, que les recettes des chemins de fer devaient couvrir l'intérêt du capital engagé; d'autre part, que si des excédents tendaient à se produire, les tarifs devaient être abaissés, de façon que ni les Compagnies, ni l'État (en Belgique, c'est de l'État qu'il s'agissait) ne pussent prélever sur l'industrie des bénéfices qui forcément auraient nui à son développement ou restreint ses profits.

La question controversée était plus délicate. Fallait-il que les recettes, outre les intérêts du capital de premier établissement, en couvrissent également l'amortissement? Fallait-il imposer aux générations présentes des sacrifices importants pour amortir le capital et permettre par suite, après l'amortissement du capital, de consentir au profit des générations futures des abaissements considérables. La théorie de l'amortissement a prévalu, mais personne n'a soutenu que, une fois l'amortissement assuré, les chemins de fer dussent devenir pour l'État une source de bénéfices.

En France, on sait quel a été le système suivi : on a groupé les chemins de fer en six grandes concessions, et dans chacune de ces concessions on a imposé aux lignes les plus importantes l'obligation de supporter les insuffisances des lignes les moins fructueuses. A mesure que les bénéfices s'accroissaient, l'État obtenait des Compagnies existantes la construction de nouvelles lignes qui, étant moins productives, déterminaient un abaissement de recettes. Puis bientôt on a reconnu que le développement de réseau français n'était pas assez rapide; et l'État a pris à sa charge la construction des nouvelles voies. Dès lors les bénéfices des Compagnies existantes ont continué à croître rapidement, et celles qui faisaient appel à la garantie d'intérêt y ont fait appel pour des chiffres moindres.

Ainsi, tandis que sur les nouvelles lignes des insuffisances de recettes sont destinées à se produire, les bénéfices vont s'élever sur les lignes anciennes ; mais la question se posera de savoir si l'on peut laisser les Compagnies recueillir des bénéfices qui ne seront pas uniquement, comme dans l'industrie libre, le fruit de leur activité et de leurs efforts, mais bien aussi du privilège qui leur a été concédé par l'État ; ou si l'on devra, au contraire, en concédant des diminutions de taxes à l'industrie, réduire suffisamment ces bénéfices pour ne plus laisser aux capitaux engagés dans les chemins de fer qu'une rémunération suffisante et constante.

Poser cette question, il nous semble que c'est la résoudre ; et si nous croyons qu'il y a un intérêt capital à ce que les Compagnies, qui ne rémunèrent pas encore le capital engagé, soient incitées à tenter des abaissements de taxes qui pourraient déterminer pour elles un accroissement de bénéfices, nous croyons qu'il est absolument indispensable que l'État ait en main un moyen de limiter les bénéfices des Compagnies lorsque ces bénéfices auront atteint un chiffre déterminé.

IV.

Nécessité pour l'État de se réserver un droit d'initiative limité en matière de tarifs.

Si nous avons jusqu'ici fait suffisamment comprendre notre pensée, on aura reconnu que, tout en signalant les défectuosités du système actuel, nous n'avons pas voulu attaquer le principe même de ce système. Nous croyons seulement qu'il aurait pu être avantageux dans le passé, et qu'il est indispensable dans l'avenir de développer le pouvoir de l'État sur les tarifs; de lui donner dans certains cas la faculté d'imposer aux Compagnies des réductions de taxes.

Nous avons indiqué plus haut pourquoi l'intervention de l'État dans la fixation des tarifs avait été la conséquence même du monopole concédé aux grandes Compagnies. Il est assez intéressant de rechercher comment cette intervention de l'État s'est peu à peu développée (¹).

Nous n'avons pas à indiquer en détail les règles que le cahier des charges impose aux Compagnies en ce qui concerne les tarifs : interdiction de les relever avant un délai déterminé, obligation de les publier, interdiction des traités particuliers, etc. Nous ne voulons insister que sur le droit que s'est réservé l'État d'homologuer tous les tarifs.

Longtemps les Compagnies ont soutenu que ce droit d'homologation n'était qu'un simple droit d'enregistrement; que l'État pouvait bien examiner si les tarifs étaient inférieurs aux maxima des cahiers des charges, s'ils ne constituaient pas des relèvements prématurés; mais l'État, suivant les Compagnies, n'avait pas à apprécier le tarif lui-même; et lorsque celui-ci satisfaisait aux conditions du cahier des charges, il n'avait pas le droit d'en refuser l'homologation. Les Compagnies ont dû renoncer à cette prétention; elles ont même dû reconnaître à l'État le droit de n'accorder que des

____

(¹) *Voir* les travaux de M. Aucoc.

homologations provisoires qu'il se réservait de retirer à son gré.

L'État, qui primitivement ne faisait que peu ou point usage de son droit d'homologation, est devenu plus rigoureux dans l'application qu'il en a faite. Aujourd'hui le Comité consultatif des chemins de fer examine très minutieusement tous les tarifs que proposent les Compagnies; et parfois lorsque certains abaissements de taxes ne lui paraissent pas suffisamment justifiés, lorsqu'il considère comme nécessaire de ne pas créer d'inégalités en abaissant ces tarifs sur une ligne sans les abaisser sur l'autre, il est réduit à rejeter les réductions qui lui sont proposées, alors qu'il serait possible de donner à la fois satisfaction au besoin d'égalité et aux intérêts économiques, en étendant ces réductions à d'autres lignes.

Ce qui nous semblerait désirable, ce serait un progrès dans la voie où l'État s'est engagé depuis plusieurs années; et puisqu'il est arrivé à faire usage aujourd'hui de tous les pouvoirs que lui confère le cahier des charges, ce serait un remaniement du cahier des charges. L'État pourrait ainsi prendre l'initiative d'abaissements qui conduiraient à des accroissements de recettes. Il pourrait limiter les bénéfices des Compagnies à la rémunération du capital engagé.

Une des grandes Compagnies, dans une convention récente, avait consenti à donner, dans une certaine mesure, satisfaction à ces desiderata. L'État avait obtenu d'elle des promesses de simplifications de taxes remédiant à la confusion actuelle; il avait obtenu en même temps que les tarifs de voyageurs fussent réduits considérablement; il avait obtenu enfin que par des réductions des tarifs des marchandises la Compagnie fît à la fois l'expérience du développement de trafic que ces réductions pourraient amener et l'abandon au public des excédents de bénéfices que les plus values des prochaines années pourraient lui procurer. Dans le système qui était ainsi proposé, l'État, développant comme nous l'indiquions son intervention, faisait usage de la clause du rachat à des périodes intermittentes de quinze ans pour imposer aux Compagnies des réductions de taxes. Cela était-il suffisant? Dans l'intervalle des époques où l'État aurait eu le moyen de se faire écouter, les inconvénients du système que nous avons signalés plus haut ne devaient-ils pas reparaître, et d'ailleurs suffisait-il que l'État intervînt pour obtenir en quelque sorte en bloc des abaissements de taxes? N'était-il pas bon qu'il pût, dans certains cas déterminés, pour certains tarifs particuliers, prendre l'initiative des réductions? Pour notre part, nous le pensons.

Mais, dira-t-on, ce que vous proposez, c'est la tarification mise absolument à la discrétion de l'État, c'est l'exploitation par l'État. Nous avons dit que nous ne voulions pas aborder ici ce sujet, qui soulève bien d'autres questions que celle dont nous nous occupons en ce moment. Nous estimons que l'exploitation par l'État présente de trop graves inconvénients pour qu'il soit désirable d'avoir à y recourir; mais, sans aller jusque-là, nous croyons qu'il ne serait pas impossible d'arriver au résultat qu'il nous semble désirable d'obtenir. Ne pourrait-on, comme on propose de le faire en Italie, comme on a tenté de le faire en Angleterre, constituer un tribunal, une commission à laquelle on concéderait la faculté d'imposer, dans des circonstances déterminées, des réductions de taxes aux Compagnies.

Mais, dira-t-on encore, il semble bien probable que si l'État proposait de pareilles conventions aux grandes Compagnies, elles ne les accepteraient point. Faudrait-il donc alors recourir au rachat? Nous inclinons à penser qu'il est d'une importance capitale d'arriver au résultat que nous avons indiqué; mais pour résoudre la question que nous venons de poser, il faudrait rechercher en détail en quoi consiste l'opération du rachat, et c'est ce que nous n'avons pas l'intention de faire ici.

Nous voudrions seulement, en terminant, revenir en quelques mots sur l'exemple de l'Angleterre et, en parlant des discussions auxquelles la question des chemins de fer a donné lieu durant ces dernières années dans différents pays d'Europe, montrer comment les Etats qui ont abandonné les tarifs aux Compagnies ont été amenés à réagir et à accroître les pouvoirs de l'État; comment au contraire les pays qui, par le désir de mettre les tarifs dans la main de l'administration, se sont laissé entraîner à l'exploitation par l'État et ont manifesté une tendance à l'uniformité des taxes, ont dû revenir en arrière, recourir aux tarifs spéciaux et souvent soustraire les tarifs à l'influence directe et immédiate de l'administration.

V.

Documents divers relatifs à l'action de l'État sur les tarifs en Angleterre, en Belgique, en Allemagne, en Italie.

En 1873, l'Angleterre a constitué un tribunal spécial composé de trois membres, et chargé de veiller à l'exécution des règles posées antérieurement par la loi et dont l'application avait jusque-là été confiée aux tribunaux ordinaires. Ces règles prescrivaient, par exemple, aux Compagnies d'accorder au public toutes les facilités raisonnables pour la réception, le transport et la remise des marchandises ; elles sont excessivement vagues. Les tribunaux ordinaires avaient reculé devant ce défaut de précision et n'avaient pas appliqué la loi. Le tribunal spécial, la Commission des chemins de fer, dont les pouvoirs avaient d'ailleurs été légèrement étendus, est allée plus loin, et l'on a vu un tribunal institué par l'État, cherchant dans certaines circonstances, limitativement déterminées il est vrai, à imposer aux Compagnies des tarifs réduits, alors que les cahiers des charges accordaient aux Compagnies le droit de se mouvoir librement au-dessous de maxima déterminés. C'est là un exemple assez saillant de la facilité avec laquelle les Anglais mettent de côté les droits acquis lorsque l'intérêt public est en jeu. La loi agraire irlandaise en a été un autre exemple, qui n'était pas comparable à celui que nous

venons de citer par l'importance politique, mais qui l'est
du moins au point de vue de l'arbitraire législatif.

Les Compagnies anglaises ont déféré les décisions
rendues par la Commission des chemins de fer aux tribunaux d'appel, et n'ont négligé aucune occasion de pro-
tester. On pourra en juger par l'incident suivant qui a
eu lieu l'année dernière à la Chambre des Communes. Un
des membres de la Chambre demandait au Ministre du
Commerce s'il avait eu connaissance de l'important discours prononcé par le Directeur de la Compagnie de
Londres et du Nord-Ouest. Ce discours contenait, suivant l'orateur, un hommage rendu à la Commission des
chemins de fer, une preuve de l'efficacité avec laquelle
elle avait sauvegardé les intérêts du public. Le Ministre
n'avait-il pas l'intention de développer les pouvoirs de la
Commission et de poursuivre plus avant dans la voie où
l'État s'était engagé ? Le Ministre, après avoir répondu
que les pouvoirs de la Commission des chemins de fer
expiraient au 31 décembre 1882, qu'on aurait à aviser
avant cette époque, et qu'il étudiait la question, fut
amené à citer les paroles que son interpellateur repré-
sentait comme un hommage rendu à la Commission des
chemins de fer. Les voici : « Cette Commission des
chemins de fer, avait dit le Directeur de la Compagnie,
est un monument permanent de la violation des engage-
ments nationaux par le Parlement de ce pays. C'est une
cour irrégulière, dont les jugements ne sont guidés par
aucun principe. Les pouvoirs qui lui ont été confiés sur
les tarifs aboutissent, d'après les plus hautes autorités de
ce pays, à la confiscation, et constituent pour les droits

de propriété des Compagnies de chemins de fer une menace permanente. » Pour avoir été présentées avec une certaine véhémence, ces observations n'en ont pas moins un fonds de vérité; et il est assez curieux de voir jusqu'où ont été conduits les pouvoirs publics en Angleterre par le désir de ne pas abandonner d'une façon absolue les tarifs aux Compagnies de chemins de fer. Nous ne recommanderions pas de suivre en France les procédés employés en Angleterre; nous pensons seulement qu'il y aurait peut-être intérêt à faire, mais par un remaniement consenti du cahier des charges, une tentative analogue.

Dans un grand nombre de pays, la crainte des abus qui pouvaient résulter de l'abandon des tarifs aux Compagnies de chemins de fer a conduit au rachat et à l'exploitation par l'État. En Belgique, « c'est, d'après M. Lehardy de Beaulieu, rapporteur du budget des travaux publics, la crainte que la règle de l'offre et de la demande ne puisse recevoir son application par des concessionnaires intéressés à obtenir la plus forte rémunération possible de leurs services qui a poussé le sentiment public et pousse encore le Gouvernement à reprendre toutes les concessions particulières. »

L'État, une fois maître de la tarification, a montré une propension très marquée à l'uniformité et à l'abaissement des tarifs.

« Nous avons remarqué avec regret, dit encore M. Lehardy de Beaulieu, que les propositions libérales de notre administration n'ont pas été accueillies avec la même faveur qu'en Allemagne par les administrations des Compagnies françaises et anglaises. Un esprit étroit semble les guider encore, malgré l'expérience des faits qui, depuis la réforme postale, prouvent que l'uniformité et la réduction des tarifs développent les relations dans des proportions imprévues et inconnues jusqu'alors. »

On voit donc qu'en Belgique, comme partout où l'État exploite, la tendance à l'uniformité et à l'abaissement des taxes est plus prononcée. Cette tendance n'a pas été toutefois jusqu'à la suppression des tarifs spéciaux, et le Ministre des Travaux publics a reconnu lui-même que c'était par les tarifs spéciaux que l'État arrivait à accroître les recettes des chemins de fer. Nous avons indiqué plus haut sur quel point ont porté les discussions très vives auxquelles a donné lieu la question des chemins de fer. Le parti libéral, en arrivant aux affaires, avait trouvé le budget en déficit; il fallait pour couvrir ce déficit créer de nouveaux impôts. On remarqua que depuis plusieurs années les recettes des chemins de fer ne suffisaient pas à couvrir les intérêts et l'amortissement du capital de premier établissement; les tarifs de voyageurs étaient très bas et le relèvement de ces tarifs devait donner un accroissement assuré de recettes; on se résolut à les relever; mais l'opposition combattit très vivement cette mesure, et pour la combattre elle soutint la théorie que nous avons indiquée plus haut, à savoir que les recettes des chemins de fer n'avaient pas à couvrir l'amortissement des capitaux de premier établissement.

En Allemagne, l'État a racheté dans ces dernières années un grand nombre de lignes de chemins de fer. La tendance à mettre entre les mains de l'État l'exploitation des chemins de fer y est on ne peut plus prononcée. Elle procède en partie de considérations politiques ; mais elle concorde avec une tendance très marquée à l'uniformité des tarifs. Dans la discussion à laquelle a donné lieu, en Prusse, la loi de rachat de 1880, cette théorie de l'uniformité des tarifs a été attaquée avec une grande véhémence à la Chambre par divers orateurs et notamment par le docteur Virchow. « Le Ministre actuel, a-t-il dit, a déclaré qu'il considérait l'égalité absolue des tarifs comme avantageuse pour le pays.... Dans l'exposé des motifs, je trouve une certaine réserve, et l'on y indique la possibilité de certaines exceptions. Cependant le système de l'uniformité des tarifs y est présenté comme bien préférable au système différentiel que l'on accable d'outrages. J'estime que cette discussion est oiseuse ; l'expérience seule pourra décider si le système que l'on préconise est praticable ou non.... Je crois, pour ma part, que le système des tarifs uniformes est une utopie, en contradiction directe avec la réalité des faits. Je n'admets pas que l'on prenne pour règle des principes théoriques que l'on formule dans le silence du cabinet, ni que l'on vienne ensuite implanter la justice universelle au milieu de la vie pratique et de l'activité industrielle. Mais, Messieurs, c'est l'application qui tranchera cette question. Une pareille expérience entraînera peut-être avec elle des dommages considérables pour un grand nombre d'intérêts ; mais il faudra bien en passer par là, et nous pourrons du moins ensuite prendre une décision en connaissance de cause. » Dans la même discussion, le Ministre dut abandonner dans une certaine mesure la théorie absolue de l'égalité des taxes, et, un an après environ, il fit à la Chambre la déclaration suivante : « Nous tendrons évidemment à l'uniformité et à la stabilité ; mais nous n'excluons pas dans les circonstances présentes les tarifs de transit, les tarifs d'exception jusqu'à ce que nous ayons pu arriver à une régularité complète....

« Nous ne pourrons pas nous dispenser absolument, Messieurs, des tarifs différentiels ; mais ce que je maintiens, c'est que les tarifs différentiels que nous admettrons, serviront les intérêts de notre pays et ne seront pas établis pour le plus grand avantage des Compagnies de chemins de fer et des pays étrangers. » La Prusse a ainsi passé par une série d'alternatives assez remarquables. Par crainte des grandes Compagnies, on a scindé le réseau entre un grand nombre de petites administrations ; ce système, le pire de tous, n'a pas tardé à porter ses fruits ; une réaction s'est produite, a poussé à la concentration du réseau entre les mains de l'État ; mais en présence de ce mouvement si prononcé, avant même qu'il n'eût achevé son évolution, des craintes se sont manifestées, elles ont amené le Gouvernement à faire certaines réserves et même quelques concessions, car la loi de rachat n'a été votée qu'à une condition, c'est qu'il serait créé une Commission centrale et des Commissions locales auxquelles seraient soumis les tarifs. La loi qui institue ces Commissions et qui soustrait ainsi les tarifs à l'action directe immédiate de l'État a été discutée l'année dernière.

D'ailleurs, dès septembre 1878, le Congrès des économistes allemands, réunis à Hambourg, avait formulé des propositions qui nous paraissent mériter d'être reproduites. Le Congrès, après s'être prononcé en faveur des tarifs différentiels, ajoute :

« Dans l'intérêt d'un développement constant et rationnel de l'Administration des chemins de fer, le Congrès croit indispensable que la question de l'intervention de l'État dans la fixation des tarifs soit réglée et limitée par une loi. La surveillance devrait être exercée par une autorité indépendante ayant des pouvoirs judiciaires. »

En Italie, l'État a été amené, par des considérations politiques, à racheter une partie du réseau ; mais la situation actuelle n'a jamais été considérée que comme provisoire ; une grande Commission d'enquête a fonctionné pendant trois années et a déposé son rapport en 1881. Elle propose, après s'être prononcée très nettement contre l'exploitation par l'État, l'institution de Compagnies concessionnaires et en ce qui concerne le régime des tarifs, elle demande :

« 1° Qu'un tarif conventionnel ou normal, comprenant tant les tarifs ordinaires que les règles qui présideront à la fixation des tarifs spéciaux, étudiés les uns et les autres avec beaucoup de soin, fasse partie intégrante du contrat ;

« 2° Que les prix de transport fixés par le tarif normal ne puissent être dépassés par l'une ou par l'autre des parties contractantes sans qu'il intervienne une nouvelle convention à approuver par le Parlement ;

« 3° Que la Société exploitante puisse, de sa propre

initiative, proposer au Gouvernement les diminutions de tarifs normaux qu'elle juge utiles pour obtenir un développement plus considérable du trafic. Ces modifications ne pourraient être appliquées qu'avec l'approbation du Gouvernement;

« 4° Que l'État ait la faculté, dans des cas spéciaux et quand il sera bien constaté que l'intérêt du pays l'exige, d'ordonner à la Compagnie l'application de tarifs inférieurs aux tarifs normaux. Quand la Compagnie déclarera ne pas accepter ces modifications pour son propre compte, les bénéfices ou les pertes qui en résulteront appartiendront à l'État. Ces bénéfices ou ces pertes seront déterminées comme il est prévu dans la convention Depretis;

« 5° Qu'il soit institué près le Ministre des Travaux publics un Conseil des tarifs des chemins de fer, composé de hauts fonctionnaires, d'hommes appartenant au commerce, à l'industrie, à l'exploitation des chemins de fer, et auquel on soumettra toutes les questions relatives aux tarifs, et notamment celles qui se rapportent aux paragraphes II, III et IV. »

Le sens du paragraphe IV qui, au premier abord, paraît un peu vague, est précisé par un passage du rapport d'où il semble résulter que le pouvoir concédé à l'État ne devrait s'appliquer qu'aux tarifs qui intéressent les relations internationales. Voici ce passage :

« L'exploitation par l'industrie privée maintient aux tarifs leur caractère commercial, oblige à prévoir des maxima insérés dans le cahier des charges, et en laissant à la Compagnie le pouvoir de les diminuer et de les simplifier d'accord avec le Gouvernement, elle les met à l'abri des préjugés bureaucratiques, des relèvements fiscaux, de l'insistance des protectionnistes, des influences politiques.

« Une exception s'impose, c'est le droit pour l'Etat de diminuer, même sans le consentement de la Compagnie exploitante, les tarifs de transport qui ont un rapport avec les tarifs de douane. C'est là une arme efficace dans la guerre de tarifs, et un remède, au moins partiel, aux défaites qui pourront être subies dans la conclusion des traités de commerce. »

Que conclure de ce qui précède ? Que l'exploitation par les Compagnies conduit partout à la multiplication, à la confusion des tarifs, à leur excessive élévation, mais en même temps à leur meilleure adaptation commerciale. Qu'au contraire l'exploitation par l'État conduit à l'uniformité des taxes, mais en même temps à leur abaissement. Les inconvénients des deux systèmes se sont fait sentir diversement dans les différents pays ; mais ils se sont reproduits partout et ont rendu partout nécessaires des mesures de défense. Dans les pays où l'on a préféré le système des Compagnies, on a presque partout donné à l'État un droit d'approbation, et il se manifeste une tendance à attribuer, avec une grande réserve, il est vrai, et des restrictions importantes, le droit d'initiative en matière de tarifs, sinon directement à l'État, du moins à des Commissions qui n'ont pas exclusivement le caractère administratif. Dans les pays, au contraire, où l'exploitation par l'État a été préférée, lorsqu'il n'est pas arrivé, comme en Belgique, que l'État ait fait un usage intelligent du pouvoir qui lui appartenait; lorsqu'il a versé ou lorsqu'on a pu craindre qu'il versât du côté où l'entraînaient les vices naturels du système, une réaction s'est manifestée, et c'est encore à l'institution d'un rouage intermédiaire d'un conseil où l'on introduisait des éléments industriels et commerciaux que l'on a eu recours.

Nous pensons pour notre part qu'il est nécessaire que dans des cas déterminés l'État ait, en matière de réduction de taxes, un droit d'initiative ; que ce système n'entraîne pas nécessairement l'exploitation par l'État avec tous ses inconvénients ; qu'il n'exige même pas que les tarifs soient mis directement et absolument entre les mains de l'État. — La conclusion à laquelle nous espérons avoir conduit le lecteur, c'est que, sans renoncer à l'exploitation par l'industrie privée, sans procéder aussi arbitrairement qu'en Angleterre, il serait possible et désirable d'étendre et d'assurer le contrôle de l'État sur les tarifs des chemins de fer, et de compléter les pouvoirs étendus qu'il possède dès à présent par un droit d'initiative limité.

FIN.

Paris — Imp. Gauthier-Villars, 55, quai des Grands-Augustins.